献　　给　　谢　　欣

百年詩庫 当代诗人

我要白发苍苍地爱你

郭羽 著

百花洲文艺出版社

图书在版编目（ＣＩＰ）数据

我要白发苍苍地爱你 / 郭羽著. —南昌 : 百花洲文艺出版社,
2018.4
ISBN 978-7-5500-2754-1

Ⅰ.①我… Ⅱ.①郭… Ⅲ.①爱情诗－诗集－中国－当代 Ⅳ.①I227

中国版本图书馆CIP数据核字(2018)第059831号

我要白发苍苍地爱你　　　郭羽　著

出 版 人　姚雪雪
选题策划　周瑟瑟
责任编辑　杨　旭　叶　姗
视觉总监　吴　晓
装帧设计　风雅颂文化传媒　曹　川
出 版 者　百花洲文艺出版社
社　　址　南昌市红谷滩新区世贸路898号博能中心一期A座20楼
电　　话　0791–86895108（发行热线）0791–86894790（编辑热线）
邮　　编　330038
经　　销　全国新华书店
印　　刷　深圳市德信美印刷有限公司
开　　本　889毫米×1194毫米　1/32
印　　张　3
版　　次　2018年4月第1版第1次印刷
行　　数　1726行
书　　号　ISBN 978–7–5500–2754–1
定　　价　32.00元

赣版权登字　05–2018–137

网　　址　http://www.bhzwy.com
图书若有印装错误，影响阅读，可向承印厂联系调换

郭羽

　　郭羽在大学期间是活跃的校园诗人，曾主编全国大学生诗刊《边缘》，迄今共出版诗集、小说等专著十一部，其中《大唐风云》获两年一评的"中华优秀出版物奖"，《网络英雄传I——艾尔斯巨岩之约》获三年一评的我国出版领域最高奖"中国出版政府奖"。

　　郭羽还是一位优秀的企业家，其开创的"R&V商业模式"，被欧洲管理学院、里昂大学、复旦大学和浙江大学等众多知名学府选为MBA教学案例。他担任浙江省侨联常委、杭州市政协委员、杭州市特聘顾问、杭州市青年企业家协会副会长、杭州大学生创业俱乐部主席等众多社会职务，同时是浙江大学、浙江工业大学、浙江工商大学、杭州师范大学、宁波大学等二十多所高校的客座教授和MBA导师。

目 录 / CONTENTS

我要白发苍苍地爱你

白发苍苍的时候
我要与你一起虚度
所有鸟鸣唤醒的清晨
阳光明媚的午后
还有，安逸温馨的黄昏

我们要一起抒写
一段老得走不动的爱情
让每一根白发
都深刻铭记
那些年轻时跌荡起伏的故事

我要白发苍苍地爱你
像现在一样的似火浓情
即便
凝视的眼神已渐渐模糊
笑起来，额头已爬满皱纹

所以　从现在起
我努力锻炼身体
争取活到 100 多岁
陪着你慢慢前行
看，世界更多的风景

亲爱的，只要能继续与你一起
等待夜空中最亮的那颗星
我愿意
用我衰老佝偻的身躯
为你阻挡风雨

我发誓，会在白发苍苍时依然爱你
就算老得掉光了牙齿
我还要毫不犹豫地吻你
用这个动人的姿势
来点燃一切甜美的回忆

请记住第一个吻你的男人

记住，我是第一个
吻你的男人
是第一个
用舌尖冲破唇齿
抵达你内心的男人

我也是第一个
吻你左肩上
那颗"大富"黑痣的男人
钱财如粪土
我，只愿把你紧拥入怀

我还是第一个
吻你右肩上
那颗"大贵"黑痣的男人
地位若尘埃
你，才是我最不舍的宝贝

本来，我更想成为
第一个用眼神征服你的男人
但在炽热的对视中
反倒被你
用柔情似水的目光俘虏

但不管怎样，请记住

即便你美似天仙

傲比公主

作为第一个吻你的男人

我会永远，留在你心里最柔软的地方

思念

思念　在这刻骨的夜晚
成为一种折磨
是一杯　进入身体
会化成热泪的酒
一粒
让灵魂饱受煎熬的毒药

自信　在思念中离去
如果没有你
我还能剩下些什么
其实在爱你的年轮中
我只是个不到一岁的孩子
敏感
而又脆弱

有你牵手
我的笑容无比灿烂
一旦松开
就会摔得撕心裂肺

从多伦多到香港
无法穿越这 43200 秒的时差
我精疲力竭
已深陷在你的每一声呼吸

每一个毛孔
以及
每一丝惊心动魄的气息里

我难以自拔
于是黑夜颠倒成了白天
而思念
也终于如愿变成了漫长的折磨

除了你

除了你的明媚
我的眼眸已看不见其他美丽
人群中
我只为你目不转睛

除了你的芬芳
我的鼻子已嗅不到其他气息
大地上
我只为你贪婪呼吸

除了你的吟唱
我的耳朵已听不清其他声音
天空下
我只为你聚精会神

除了你的甘甜
我的舌头拒绝品尝其他味道
人世间
我只为你守身如玉

除了你的体温
我的双手不再触碰其他温柔
宇宙里
在你之外，都是浮云

因为有你
我从此没有浪漫的邂逅
再也记不住
其他女人的名字

因为有你
夜晚不再黑暗
时光
变得不再漫长

因为有你
完美只有了一种标准
赞叹
也只剩下一个词汇

是的，因为遇见你
我愿意成为
一个爱的瞎子
爱的聋子
甚至愿意
为爱失去嗅觉、味觉和触觉

因为，我早已为你
放弃一切
哪里还会害怕
再把自己全部的感觉
统统缴出来
放进你的心里……

为你勇敢

原以为　曾看过沧海变为桑田
早已　不会再去勇敢
所谓勇敢
本该只是少年的权利啊
直到遇见你
终于明白
勇敢　还在我的心里跳动
勇敢　仍在滚烫的血液里流淌

原以为　已历经风风雨雨
轻易　不会再去勇敢
所谓勇敢
不就是常常让自己头破血流吗
直到遇见你
终于明白
勇敢　其实只隔着一个怦然心动的眼神
勇敢　只需一次期待已久的牵手

你　就这样突然出现
光芒四射
双眸炙热如夏
双手温暖如春
这一刻　世界可以消失
时间可以倒流

这一刻　对我来说
勇敢
就是为你　奋不顾身！

北极光
——致谢欣

为遇见你
我不惜
得罪全世界
不惜
跋涉千山万水
直至路之尽头

你骑梦而来
踩着炫目的舞步
惊心动魄
像女神在天空挥动彩带
迷离我的眼睛
偷走我的灵魂

你是光　是一束抹去眼泪的亮色
一支　射穿忧伤的利箭
被光芒闪耀的瞬间
我终于明白　一生的等待与挣扎
不就是为了
在此时与你相遇？

曾被黑暗包裹
因绝望而窒息

是你　用炫目的美丽
从天而降
拯救伤痕累累的我
重回人间

就这样让我死心塌地吧
让太阳粒子燃烧我的血液
让因纽特人的传说
带我抵达幸福的天堂
因为　你就是神话里的欧若拉
宇宙中最美的北极光！

孤儿

请允许我
住到你的心里
我无家可归
是这个世界的孤儿

冷漠的暴力
言语的锋刃
让我在探索温暖的旅程中
疲惫而又憔悴

我渴望　一对融解冰雪的红唇
一肩　能攀援梦想的乌发
一双　善解人意的眼眸
以及　一个在我悲伤时
可以接住我泪水的胸膛

亲爱的　请允许我
与你相依为命
虽然　我曾骄傲地浪迹天涯
如今　却早已意兴阑珊

收留我吧！
我捧在手心里的
你都看得明明白白

那是炽热的心
滚烫的血液
还有　对你无怨无悔的爱

如果命里注定
我只能是个孤儿
那就让我在你的世界里
做一个幸福的孤儿吧
因为　跋涉万水千山
历经坎坎坷坷
我只懂得了一个道理
你，就是我的全世界

默契

我还没有说出口
你却已经
告诉我
你还没有伸出手
我就已经
拥住你
百度上说
这，就是默契

你的呼吸
缠绕了
我的呼吸
我的心跳
共鸣着
你的心跳
字典里讲
这，叫作同步

世事如此奇妙
当你的眼睛
撞上我的凝视
我的嘴唇
遇见你的微笑
地球仿佛停止转动
空气中
弥漫着同一种爱的味道

只需一个睫毛的抖动
我就听懂了你的千言万语
凭借一声轻轻的叹息
你就阅读了我全部的忧伤

是的，语言是苍白的
表情是多余的
在我们之间
距离，是一个从未存在的概念
指尖与指尖的温度
就像皮肤间的静电
总是让人措不及防
又叫人恋恋不舍

于是，每一个默契
都化成了倾心
每一次的同步
都让人愈发沉迷

那么，一起来祈祷吧
让未来岁月的每一年、每一季、每一月
每一天、每一分、每一秒
都能够一起跨出左脚
再一起迈出右脚
用同一种节奏
走完属于我们的——
春夏和秋冬

透明伞

雨天，你的梦想
是拥有一支透明伞
轻轻转动
任雨滴　在伞上跳舞

用两个本命年的时光
我找到你
为你撑起透明伞
陪你　西湖边漫步

透明伞太小
我们只能紧紧依偎
看天空落泪
听城市呜咽

薄薄的透明伞
抵挡诧异的眼神
遮蔽无聊的猜忌
让我们　体会生活的宁静与美丽

打开透明伞
所有的雨天　都是晴天
相拥透明伞下
所有的悲伤　都变成了幸福

眼泪

在爱的首饰盒里，我收藏最多的，是你晶莹剔透
的眼泪。

——题记

我憔悴时
你关切的眼泪是温暖
我气馁时
你鼓励的眼泪是勇气

我绝望时
你坚强的眼泪支撑了我的脚步
我开心时
你快乐的眼泪带我飞翔

从相遇的刹那开始
你的眼泪就一直淋湿我
浸润我　渗透我
而且，还俘虏了我

我的头发、脸颊和胸口
我身体的每一寸肌肤
甚至唇齿之间
都被你的眼泪霸占

我无处可逃
我心甘情愿
我贪婪地细细品尝
你眼泪的味道

有时甜蜜
有时俏皮
有时，淡淡的忧伤
有时，撕心裂肺的疼痛

你的眼泪
给了我最多的五味杂陈
最全的百感交集
以及，这个星球上最难忘的刻骨铭心

就在刚才的那个瞬间
我感觉你的眼泪
像亚马逊丛林里
蝴蝶的翅膀——

轻轻扇动　就在我心里
卷起汹涌的情感海啸
用尽一生
我都将无法阻挡

答案

我最喜欢吃的菜
是与你一起吃的那一盘
我最喜欢看的电影
是我们一起看的那一场

我最喜欢听的歌
是与你一起听的那一首
我最喜欢的小说
是我们一起参与的那一本

我最喜欢的运动?
只有你
和我一起进行的互动
才能被称为是一项运动

我最喜欢的城市?
只要有你
存在的地方
就是我的天堂

我最喜欢的表情
就是我的笑容开启了你的笑容
我最喜欢的感觉
就是你的亲吻带给我的怦然心动

我最渴望的时刻
就是与你在一起地老天荒
我最大的幸运
就是上苍让你来到我的身旁

好了　不用再问了
我所有的喜欢
都与你有关
不用再考验了
所有那些与你无关的事
我从来
就不曾记得

帝国大厦的屋顶

帝国大厦的屋顶
挤满各色人群
来到这里
我，只为一次期盼已久的相遇

纽约在脚下灯红酒绿
车流在拥堵中走走停停
繁华中孤独矗立
我，只为等待你的来临

为了这次欢聚
我蹉跎了 22 年光阴
看尽世事沧桑
体会人情如冷暖浮云

1993 年的一部电影
重新定义了爱情
原来天堂就在这个建筑的 86 楼
邂逅，是一场无法躲避的命运

上帝蓄谋已久
让我无数次错过这里
像人世间最美的故事
在准备好之前，总是舍不得去倾听

我一遍又一遍停留
回头探寻都市的丛林
整整 8170 个日子
终于，等到你划破夜空的声音

于是，就在帝国大厦的屋顶
用一个刹那的转身
我找到你
像一道闪电，击中了澎湃的心

也许，两个人这一世的牵手
在前世早已注定
而公元 2016 年 6 月 20 日这一天
将被永远铭记!

争

争，拼音 zhēng，释义：①力求获得，互不相让：争夺，竞争，争长论短。②力求实现：争取，争气，争胜。

——《新华字典》

我们是为争而生
为争而爱的吗？
为什么我们总是从白天争到黑夜
从办公室争到旅途？

我们为谁的皮肤更细腻争
为谁的头发更乌黑争
为谁的笑容更优雅争
也为谁的体型更完美争

我们争谁的打字速度更快
争谁的文学功底更深
争谁的智商更高
争谁的判断力更厉害

我们为谁的母校排名更前争
为谁拿的奖学金更牛争
为谁的倒车技术更好争
也为谁烧的菜更有味道争

我们争今天的天气算冷还是热

争刚看的电影是烂片还是佳作
争莫奈和雷诺阿哪个更能代表印象派
也争美国总统的宝座该不该由川普来当

我们还为勇士和骑士谁能夺冠争
为库里和詹姆斯谁强争
为梅西该不该纹身争
为浙江绿城能否重返中超争

我们开车时争谁的方向感更强
拍照时争谁的构图更棒
打高尔夫时争谁的动作更标准
唱歌时争谁的声音更动听

甚至，我们连谁比谁应该先死也争
我和你都不想死在你和我的后面
失去了彼此的扶持
那将是一种多么难熬的生活！

是的，我们总是一直在争
争看似平凡的点点滴滴
争到底是我爱你更多一分
还是你爱我更深一些

好吧，必须承认
我开始迷恋我们之间的争论了
因为我已经发现
我们争得越多，就会爱得越深！

最古老的岩石

美国国家宇航局 NASA 确认，位于加拿大西北领地靠近北极圈的一个小岛上的阿卡斯卡片麻岩，"年龄"达到 40.3 亿年，是迄今发现的地球上最古老的岩石。目前美国国家博物馆已经收藏了这一岩石。

——来自 Google 搜索

遇见你之前
我的爱情
像四散飘落的花瓣
未能摇曳于春天的枝头
却在寒风中
慢慢凋零

在遥远的北极
有一块石头
从滚烫的熔岩开始
就一直坚守
用了整整 40.3 亿年的时光
成为地球最忠贞的爱人

为此，我带着你
怀着朝圣的心情
一路向北
风餐露宿
只为目睹
真正的海枯与石烂

这是一个，连爱斯基摩人
都不愿居住的地方
全世界只有 10 多个人
曾经抵达
而我们
是唯一的中国人

岛屿如此荒凉
黝黑的石头
在孤寂中默默承受雨雪风霜
也许，爱情就像岩石的成长
必须经历撕心裂肺的悲伤
才不会被轻易遗忘

就在岩石之上
我们倾听了彼此身体的声音
时间在这一刻静止
喘息的节奏仿佛变成了永恒
这心心相印的感觉
令人如此沉迷

亲爱的，如果你不嫌弃
请允许我像世界上最古老的岩石一样
痴痴为你守望
因为这个岩石面前的誓言
我冰冻的心开始熔化
而对你的爱，变得像岩石一样坚强

白色羽翼教堂

你说，一起去关岛
那儿的教堂世上最美
而我
独爱悬崖边的白色羽翼

黄昏的金色光芒
涂抹了这座玻璃建筑
太平洋澎湃的海浪
宛若唱诗班孩童天籁的歌声

这是梦想中的圣地
浪漫的气息四处弥漫
此刻唯一欠你的
是一件婚纱

夕阳西下
不远处喜来登的灯火如满天繁星
大海沉入到黑暗之中
正好掩饰我潮红的面颊

热恋的情侣
不在乎是否看得见对方
心与心之间的电流
就是阳光

立足的地方
也不需要太大
有你
就是天堂

我必须用双手
把你紧紧抱住
没有你在我怀里
我的未来还会有什么希望?

上天听得见
我灵魂深处的祈盼
于是
你热烈回应了我

这一刹那
在白色羽翼教堂
我已经娶你
我们，已经融为一体!

遇熊记

第一次离死亡
如此之近
当三头棕熊
在 200 米外的山坡
动如脱兔般扑来
巨大的恐惧
像闪电的阴影
瞬间将我们笼罩
我本能地朝你大喊：快跑！
然后，转身狂奔

后来，在返程的飞机上
你哭得梨花带雨
埋怨我——
危险来临
却一个人逃得飞快
难道在心灵深处
没有把你
放在最重要的位置

听说恋爱中的女人
智商常常为零
纵然有千百张嘴
任凭我一直苦口婆心

也都无法把你说服——
奥运赛场上的队友
如果手牵着手
永远跑不到第一
而用一个人在前面领跑的战术
后面的跟跑者
就有机会赢得胜利

生死存亡的一刻
为你
勇敢地挺身而出
与熊搏斗
肯定感人肺腑
足够催人泪下
却注定愚蠢
在这北极圈内荒凉的小岛
三位熊兄弟才是食物链的顶层
它们伸出一只手掌
就能将我们拍晕
如果硬要拼命
那么明年的今天
就会是我们的祭日

想想这惊魂 60 秒
简直是在与死神赛跑
是的，第一个 50 米
我就拉下你 10 多步的距离

但前面陡直的坡下
是一片泥泞的水坑
如果不是我停下来舍命阻挡
也许你会掉进去深陷其中
那么我们两个
将真的成为
白雪覆盖之前
这户熊家庭储存的
最后一顿过冬美味

第二个 50 米
我再次反超了你
请佛主明鉴
向上帝发誓
如果需要
真主安拉也会作证
我跑在你前面
只是为你
在这崎岖的山坡上
探一条平坦的路
同时激发你的潜能
让体育从来勉强及格的你
突然间也跑得飞快
能在熊追上之前
抵达岸边开阔的安全地带

飞行员兼向导杰克

就在前面等待

他随身携带

厉害的防熊工具

"Help! Help!"

听到我的呼救

他迅速施援

拉响一个"恐吓炮仗"

尖锐的呼啸声像猎枪在射击

拖着闪耀的火药尾巴

掠过天空

终于吓退

熊追赶的脚步

我们惊魂未定

直至水上飞机轰鸣发动

目视"熊岛"

在机舱外逐渐远离

这时的你

也许想起那些

曾看过的爱情童话

用一颗颗伤心的眼泪

控诉我不够勇敢

我的姑奶奶啊

能不能成熟一些?

文学作品中的浪漫

哪有我们的真实遭遇精彩?

我所做的
才是危险来临时的心有灵犀
最最智慧的爱的营救
现在你还能
后怕地躲在我怀里
大片打湿我胸口的衣襟
就是，最好的证明

如果不是杰克
边开飞机边认真地告诉你
我的做法才是对的
也许
那天你会把泪水流尽
真的把我
贴上"胆小鬼"的标签

当然，如果当时熊追上了你
我会奋不顾身地前来营救
只要可能
我愿把熊引开
把生存的机会留给你
而且，毫不犹豫

可是我们是要厮守一辈子的
在白发苍苍的时候
依然相爱如初

所以，亲爱的
如果此时在杭州街头
也有一群大熊来袭
我还是不会
傻傻上前搏斗
而是带着你
用最智慧的方式——
逃命！

宿命

曾以为，浪迹天涯
是我的宿命
有你陪伴
已是我的幸运

我们一起，22000 公里
携手穿越美国
18000 公里
共同探秘北极
6300 公里
横贯冰雪天路的蒙古高原

在迪拜
我们在沙漠中吉普冲浪
在塞舌尔
挑战 150 米落差的球洞
在关岛
你坐我驾驶的飞机直上云霄……

现在，我们有了新的目标
那就是完成艰苦的达喀尔拉力赛
我做赛车手
你做导航员

牵手一年
我们同行 10 万公里
相约一生
我们要走遍全世界

有你在
旅途变得美好
风景，更加和蔼可亲
你不在
夜晚变得难熬
时间，与无聊一样漫长

其实，能够一起浪迹天涯
是我的幸运
有你陪伴
才是我最渴望的宿命

呼伦湖畔

冷，刺骨的冷
哈一口热气
凝在唇边的是冰渣
流一滴眼泪
挂在脸颊的是珍珠

湖面，被一米多厚的冰
牢牢封冻
太阳苍白如纸
像燃尽了最后一丝温暖
跌落到地平线上

天空
没有鸟掠过的痕迹
除了风
所有的声音都被冻裂
世界
仿佛荒芜的中心
只剩下
凛冬的气息
当然
更不可能有游人
除了两个
因为有爱

而把严寒当作温暖的疯子

这是只属于你我的呼伦湖
是我们完全拥有的
2339 平方公里
湖里沉睡的鱼
冰上弥漫的雾
漫天飘扬的雪
以及，悬挂在干枯树梢上的凌
一切都只为我们注目
只为我们——
祝福

对于美
我不能无动于衷
与你相拥冷寂的湖面
我做不到心如止水
那么，就让我们一起
看一场零下 40 度的日落
这是我能够经历的
最极致的浪漫

在冰冻一切的呼伦湖畔
是刺骨的冷
见证了我们胸腔里
热血沸腾的爱
于是，在刀割一样疼痛的风中

我裸着手奋笔疾书

只为用一首诗

定格

这永恒的瞬间

吹发

为你吹头发
是倍感温柔的时刻
手指穿过乌发
轻轻撩动
这是我左手的幸运
而右手
无奈只能握着电吹风
遥遥地
与你隔着一阵暖风的距离

好在，为你吹头发久了
电吹风在我手上
仿佛有了灵魂
你刚洗完头
风会大一些
热一些
这样才能快快把头发吹干
但绝不可以靠得太近
生怕，一不小心
把你烫着

当你的长发已经半干
我会把热度
调至中档
风力

降到最弱

此时我的鼻尖

也会跟着出风口

慢慢贴近

闻你发梢上

那些令人迷醉的气息

在吹头顶时

你会配合地微微低头

每一次

我都被这份默契打动

好吧，我承认

这是我心底的一个秘密——

愿意痴痴地

为你吹发

其实

就为这一低头的温柔

你平时两天洗一次头

我就隔天为你吹一次发

你运动时一天洗两次头

我就时刻待命

电吹风绝不离手

汉朝有个叫张敞的家伙

日日为妻子画眉

竟然名垂青史

现在
"郭羽吹发"
不知会不会在未来
变为一个成语?

新

我是全新的
在见你之后
看世界的眼睛是全新的
笑容是全新的
歌声是全新的
就连淋湿身体的欢乐
也是全新的

我是全新的
在牵你的手之后
太阳是全新的
星空是全新的
远山是全新的
就连吹拂的风
也是全新的

我是全新的
在吻你之后
心跳是全新的
呼吸是全新的
舌尖的感觉是全新的
就连血液里的热情
也是全新的

我是全新的
在心与心交融之后
幸福是全新的
期待是全新的
未来是全新的
就连夜里做的梦
也是全新的

总之，我焕然一新
有了新的形象
新的爱好
新的习惯
新的睡姿
还有，新的目标

感谢上苍
把你送到我的身边
我要用全新的眼泪
体验全新的热泪盈眶
用全新的节奏
迎接
与你在一起的
全新的生命！

夫妻相

我说你慢慢变丑
你说我逐渐难看
我们在一起
长得越来越像

你黑我拖累了你的美丽
我笑你中和了我的英俊
两个相爱的人
面容在潜移默化中靠近

我气质里有了你的聪慧
你神情中有了我的桀骜
我的忧愁被你的欢乐击败
你的叹息被我的沉默覆盖

在点点滴滴的关心里
我们把五官打碎
在缠缠绵绵的爱恋中
血脉重新组合

于是，我的睫毛
抚慰了你的泪水
你的香唇
呵护了我的牙齿

我耳朵里呼啸的
是你轻柔的呢喃
你鼻孔里澎湃的
是我脉搏的节奏

在我嘴里
都是你的味道
在你眼中
都是我的凝视

就连皮肤的光泽
也越来越像
都充满着
青春、活力和梦想

你说我长得不再像我
偷走你闭月羞花的容颜
我说你长得不再像你
抢走我引以为荣的骄傲

现在，我的笑声里有你唇角的线条
你的悲伤中有我眉宇的风霜
我的耳鬓厮磨了你的耳鬓
你的温柔融化了我的温柔

我不再是我

心房里塞的都是你
你不再是你
血里流淌的，都是我的爱

其实，我喜欢这个
不一样的我
喜欢你的一切
入侵我

喜欢我们
不知不觉间长得越来越像
喜欢看到，镜子里
我们的夫妻相

鸳鸯锅

火锅公主
是你的标签
但江南的女子
那么喜欢吃辣
却让我诧异
并感觉赚到——
难得
长发似水的柔情背后
隐藏着
随时爆发的
火辣的激情

吃遍杭城火锅
你点辣汤
我选清汤
鸳鸯锅
伴着你我
度过多少无法遗忘的时光

汤水翻滚
辣水溅入清锅
清水跳进辣锅
你辣汤中有我
我清汤里有你

吃到最后
鸳鸯混在一起
分不清哪个是鸳
哪个是鸯
就像牢牢用爱黏连的我们
哪里还分得清
我里面有多少的你
你里面有多少的我

热气蒸腾
大汗淋漓
我很好奇，为什么
心灵相通的恋人
吃顿鸳鸯火锅
都会品尝出爱的味道？

炒年糕

从不烹饪的我
喜欢
与你一起
做顿好吃的

打开"下厨房"APP
选择最简单的炒年糕
我们配蔬菜切肉片
点炉灶热油锅

第一次，拿着你递来的锅铲
突然发现
这么平凡的事
也很快乐

你洗的年糕水太多
锅子里噼里啪啦　惊天动地
我大呼小叫
手忙脚乱

火太旺
滚油炸焦了年糕皮
酱料添多了
红辣椒变成了黑辣椒

但这依然是我见过的
最色香味俱全的佳肴
几十年来吃过的
最令人陶醉的美味

其实
一盘炒年糕
最好的调料
是爱

领航员

你不是
一个优秀的领航员
分不清东西南北
判断不准距离远近
还时时
耍点小脾气
罢工不干活

你还做不到
用身体
感知赛道的起伏和弯曲
专业的路书语言
也掌握不多
但我愿意
你来做领航员
一起探索
跌荡起伏的
生命旅程

有你在副驾驶座
漫长的旅途
不再寂寞
目的地
已不再重要

原来

我一直等待和在乎的

只是

和你一起

看沿途的风景

由此，我迷醉于

从一条路的起点

抵达另一条路的起点

从一次日出

穿越到另一次日出

每天

看着里程表

疯狂转动

不到精疲力竭

绝不停息

100 k left 2

don't cut、over jump

有你在一旁指引

我终于找到了

正确的方向

达喀尔拉力赛的目标

不一定能够完成

但在爱的赛道上

有你导航

我就有足够的信心
赢得冠军！

注：

①在汽车越野拉力赛中，一个车组由车手和领航员组成，两人同样重要。领航员首先要会看路书，在赛前勘察赛段时，需将诸如岔口、弯道、距离、路面等情况用符号和短语记录下来，然后建议这些弯道以什么方式、多少速度通过，哪些路要更换哪种轮胎等。在比赛中，领航员通过大声念路书下达命令，还要控制整个比赛的节奏和稳定车手的情绪。

②路书（road book），是由汽车拉力赛主办方提供的官方导航手册，它不仅描述赛道概况，还要记录山坡、水坑、台阶等细节，包括赛道上一些有特点的标志物。最重要的是在无车辙的无人区为车组导路。诗中的几个英文词组，是专业的路书语言。

礼佛

你是个虔诚的信徒
一旦在佛前
双手合十
周围的喧嚣
就化作了宁静

青烟袅袅
你额头平贴于跪垫
掌心打开向上
膜拜的姿态无比完美
和寺庙融为一体

我的祖上陶冶公
曾十二问虚云禅师
求得顿悟
今日，心怀家传的佛性
我与你一起礼佛

方丈的禅房内
佛法无边
大和尚沏的普洱
品一口
都是禅宗的味道

在红色的祈福带上
写出心愿
悬挂于大雄宝殿的廊檐下
日夜倾听
梵音悠扬的传唱

敬三炷檀香
期盼我们
永得红绳相牵
不用理会
这世间的纷纷扰扰

注：《虚云禅师答陶冶公居士十二问》，搜百度
可得。虚云禅师 (1840—1959)，"一身而系五宗
法脉"之禅宗大德。1952 年成为中国佛教协会
第一发起人，1953 年被选为中国佛教协会名誉
会长。虚云禅师作为近代佛门泰斗，坚持苦行长
达百余年，历坐 15 个道场，重兴 6 大祖庭，法
嗣信徒达数百万众，可谓旷世唯一。其门下嗣祖
沙门比丘较为著名的有 10 余人，其中释一诚、
释传印两位大德高僧先后担任中国佛教协会会
长。其皈依弟子李济深，曾任中华人民共和国副
主席。

宠你

宠你
是我被派到这个世界的
任务

你想笑的时候
做你喜欢的鬼脸
你要哭的时候
奉献我宽厚的肩膀

在纪念日
负责给你惊喜
在平日
我把每一天都过成纪念日

风来了
我坚实的脊背就是挡风的墙
雨来了
我脱下的衣服就是遮雨的伞

黑暗中
我化身为护花的使者
阳光下
我是你红花边的绿叶

你双脚冰凉
我用胸膛为你温暖
你轻微发烧
我总比你先急出满身大汗

你想吃糖炒栗子
我半夜两点为你去买
你颈椎不适
我苦学技艺为你按摩

我要宠你
胜过宠我们的孩子
我要宠得你晕头转向
魂不守舍

其实
宠你是我的计谋
我要让你
离开我的关心
就不能呼吸
没有我的宠爱
就无法生存！

往事

往事，请不要再提
那些过去的
对我来说
仿佛从未发生

真的希望
往事里都是你
那么
记忆该有多么美好
每一个梦
也会是甜蜜的

假如往事
可以被清空
我会毫不犹豫地
按下删除键
然后把现在的快乐
拷贝进去

可是
即便我一遍又一遍地
进行格式化
那些往事里的叹息
依然

挥之不去

知道吗，你每一次的追问
是在打开
一个潘多拉的魔盒
释放出的
只有
愤怒的情绪

心爱的
往事
真的不要再提
结痂的伤口
一旦揭开
会痛彻心扉！

放弃

人的一生
最难的
应该是放弃

扔掉，已经获得的
重新再来过
真不容易

改变，完全适应的
建立新习惯
实在太难

离开，曾经熟悉的
开始新的一切
需要勇气

可是，我毫不犹豫
为你
放弃以往

那些成功
在拥有你面前
不值一提

所有荣耀
比起与你相守
只是云烟

我
用对你的爱
埋葬过去

用，放弃
前半生的生命
来爱你

错误

我犯的错误
却要让你一起来承担
看你瘦弱的身躯
蜷曲在沙发上
——颤栗
我的心很痛
痛入骨髓

你为我飞蛾扑火
我又何尝不是
但过往的错误
像亚马逊丛林里的蝴蝶
在不可预测的暗处
时时扇动翅膀

对不起
让你在这个年龄
就必须迎战风暴
这可是漩涡的中心
除了我们相互扶持
没有地方可以躲藏
除了两颗坚定相守的心
再也找不到其他援军

是我的错误

让你悲伤

让你倍感凄凉

那满屋泪水打湿的纸巾

令我愧疚到用头撞墙

把我的心

撕裂了

人的一生

真的一次都不可以犯错

那些黑色的记忆

像雨

会随时淋下来

我也曾因此崩溃

所以我懂得什么叫绝望

此刻，只想握住你冰冷的手

放在胸口

让那颗跳动的心为你祈求

相信时间

会让疼痛消失

相信爱

能让伤口愈合

原谅我，好吗

把这些刀锋般尖锐的记忆

彻底掩埋

把笔记本的那一页

完全翻过去
后面的所有空白
还足够
让我们用心心相印的默契
记载一段
令人羡慕的故事

最美的女子

谁敢说
你不是世间最美的女子
我就找他拼命

我的眼睛
容不下一粒沙子
任何阻碍我看你的事物
都是我的敌人
哪怕是风
也不允许吹乱我的双眸
即便是雨
也不可以在我们之间飘落

你是宇宙的中心
太阳和我一样
都围绕着你旋转
大海的潮汐
就像我的心脏
一直，为你澎湃和起伏

地球上的每一枝鲜花
只为衬托你的优雅而绽放
天空的每一片云朵
都是因偷看你而害羞的脸庞

你美得像一段音乐
俘虏了我的灵魂
你美得似一团火焰
燃烧了我的激情

赤橙黄绿青蓝紫
是你裙摆的颜色
林间漫步
彩虹
总如护花的使者
伴在你的左右

你笑起来
沉鱼又落雁
哭起来
梨花带着雨
你就那么随意一站
天地之间
我再也看不见其他的美丽
只愿意
为你死心塌地！

并肩

用一整年的时间
耳鬓厮磨
从来都不曾
有一刻的离开
这种甜蜜的感觉
是并肩

我们肩并着肩
一起走
你不落后半步
我也不抢前一秒
就像是一个人
做着同一件事

面对风暴
两个人互相依靠
总比一个人
站得稳
恶毒的语言
再重
用两个肩膀
一定可以扛得住

我们喝同一碗水

吃同一口饭
看同一场电影
听同一首歌

我们的眼睛里
是同一片风景
鼻子里
是同一阵花香
唇齿间
是同一种鲜美
耳朵旁
是同样轻柔的春风

时光
是一种粘合剂
并肩越久
越不能分开

并肩
是最令人迷醉的
爱的姿势吗
为什么自从爱上彼此
我们再也离不开对方的肩膀

（重温马尔代夫阿米拉海滩边我们肩并肩看印度
洋动人日落的难忘定格之后。）

缘分

人在世间
如一道闪电
奔驰而来
呼啸而去

幸运的是
终于遇见你
在我
转瞬老去之前

你用温柔的守护
和善良
重启了我
创造了我

没有你
我熬不过冬天的寒冷
春天
也会变得索然无味

缘分如此奇妙
派你前来拯救
让我用逆生长的方式
陪你，把生命活出精彩

情诗

我可以老去
但写给你的情诗
必须永远年轻

情诗
是我们之间
爱的密码
是通往甜蜜未来的路上
为你采撷的花朵
红的
紫的
粉的
黄的
色彩缤纷
动人心魄

我要把这些爱的精灵
编成花环
这会是一本
41 首情诗组成的诗集
今天
写到第 34 首

等到

我把花环亲手捧给你
美和幸福
都将被重新定义
只有戴上花环的女子
才是最美的
才是，最最幸福的！

相爱协议

爱情，需要罗曼蒂克的激情
也需要谨慎和克制
那么就让我们
用心与心的碰撞去热恋
用一份相爱协议
去坚守一生

从今天起
我不再只是我
你也不再只是你
我们需要适应
单身的日子
变为两个人一起来过

你不可以离开我
我也不可以离开你
这不仅是海誓山盟
还是
由 696 个字符组成的
11 条爱的锁链
把你我
紧紧地捆绑成一个人

每一份协议

都要有违约的惩罚

爱到极致

我们没给自己留下退路

就像战场上的将军

下了破釜沉舟的决心

要不

攀上幸福的天梯

要不

就坠落十八层地狱

我们不是扑火的飞蛾

是为对方而疯狂的爱侣

用一份亘古未有的相爱协议

加上一个大律师的见证

牢牢锁住

我们

必然会

缠绵一生的甜蜜

六月

六月
悄然而来的
除了盛夏
还有你

就像
穿越隧道
再长的黑暗后面
都会是光明

熬过
生命的那片阴影
终于有你
点亮我

你的嘴唇
就是火焰
在奥热的空气里
让我，燃烧

吵架

终于明白
相爱至死的恋人
就连骨髓都已交融的情侣
也会冷战

我心里有根线
牵着你的思绪
只要探测到你半点不快乐
立即开始紧张

你的目光
仿佛全天候的雷达
我所有的表情
逃不过这细致的扫描

于是，你小小的忧伤
就会让我烦恼
我不经意的皱眉
也将纠动你的神经

太过关切的两个人
仿佛一双透明的眼睛
拒绝风吹来的所有尘埃
更容不下任何一粒沙子

每天甜蜜地腻在一起
难免，会有疲惫
会有分神的时刻
也会，情绪突然爆发

在这个忧伤旋律流淌的夜晚
你无辜的眼泪
让我，不知所措
精疲力竭

不吵架了
好吗
就算短暂的悲痛
可以衬托更美好的甜蜜

我只愿回到
那些心心相印的平常日子
再也不愿听到
彼此的叹息

我的全部

你是我的全部
睁开眼
我的目光只追逐你
闭上眼
我的脑海里全是你

我们心灵相通
一噘嘴
我知道你心里的欢喜
一皱眉
我明白你莫名的忧愁

实际上，我们两个
已经成为同一个人
就像两首
激情的诗歌
打碎了之后重新组合

你的句子里有了我
我的文字里有了你
哪里还分得清
哪部分是你
哪部分又是我

如果

没有了彼此

我不知道你还是不是你

反正我很肯定

我，一定不再是我

卦

等待了
整整 48 年
用虔诚忐忑的心
祈求这一卦

六个铜板
在秀美的手中
看你双掌合十
默念愿望

一次、两次、三次
四次、五次、六次
铜板的正面与反面
轮番交替

这是
揭示你我命运的奥秘
所有的过往和未来
都在其中

原谅我曾历经沧桑
好在，我们有三世情缘
纵然间隔 22 年
相遇依然不算太迟

其实这一卦
只是验证了我内心的坚定——
从此，你在哪里
哪里就是我的家

领悟

对不起
是我的错
不知道你会出现
所以
没有等你

在早到的 22 年里
我的心
一直颠沛流离
现在
终于明白

是因为
生命里缺少了你

我写不出悲伤的情诗

从 2016 年 4 月 23 日开始
我们就
不曾有一天分离

所以，我写不出离别的诗句
不知道
什么叫做思念
甚至
从未体验过
小别胜新婚的滋味

拥你入怀那一刻起
我们，时时粘在一起
刷牙在一起
吃饭在一起
赶路在一起
工作也在一起

在本该秀恩爱的地方
我们一定不缺席
在不该秀恩爱的地方
我们也总是
联袂出现
大煞风景

其实，对我们爱的旅程来说
这只是开始
我一点都不觉得厌烦
相反
我乐在其中
倍感甜蜜

所以
请原谅——
我写不出悲伤的情诗

当我离去的时候

也许有一天
我会先你离去
那个时候
请一定不要悲伤
剩下的日子
你只能一个人过了
为了这一天的到来
从今天起
我开始未雨绸缪

我会在每一个
曾一起抵达的地方
埋下一段
写给你的文字
这样
就可以让你
再一步又一步地
重温我们走过的路
回忆那些
即便烧成灰烬
都不可能遗忘的过往

我们看过的风景
扳着手指

也算不过来

那么

在我离去之后

你会变得很忙

肯定没有时间

感觉孤单

诱惑你步履匆匆

无暇落泪

对于我来说

就是最最重要的事

我相信

每找到一段我写的文字

就是一次

久别的重逢

每次高声朗读

字里行间的关切

就会觉得

我

仿佛从未离开

亲爱的

我知道你一定会

独自走完这段旅程

因为每个地方

我都只留下一行诗句

全部拼在一起

才是一首
属于我们的完整诗篇

我用爱
布下了天罗地网
让你
在没有我的时候
仍旧可以
把每一秒钟过得充实
在一个人的夜晚
依然能够
甜蜜而幸福!